赤岩录

三十器┊三千年

主编＼赤岩・御风

文物出版社

编撰委员会

李春燕

Yang Han

何彦军

Q.Angelina Hui

张伟超

序

赤者，火色也；岩者，高峻山崖也。赤岩者，以火为色，以坚韧石崖为干骨，构建垂础基业，以达百年流传之宏愿。

前世所遗文风旧物，今日看来珍若拱璧，累代所能留存至今者亿万件中不过一二，片羽吉光。惜物当是惜缘，千百年前古人指掌间摩挲之俊物，千百年后如萤芒微火传递入你我之手，那份福缘，无疑是百世修习之福果，而非人人可得也。

铁网珊瑚，倾经年之劳碌，历万千之艰辛，步重叠之苦途，费如钟之银泉，吹砂沥金，辨伪存精，才得有此辑录呈于好古同仁座前。此录所辑岁月留存下之灵物有金、银、铜、玉、石、瓷、陶、木、竹、琉璃者等等。全录按旧物所存在之时间递延顺序编目，并未以类目分列，就是希望以微细绵绵之物线串缀时空悠长之岁月，将古物所居时空之美更全面展现于观者之前。

今月曾经照古人，古人不知今月明。旧物曾映古人心，今人观古阅前朝。

聊以为序！

目录

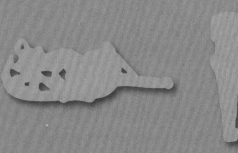

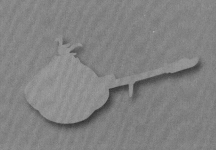

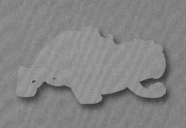

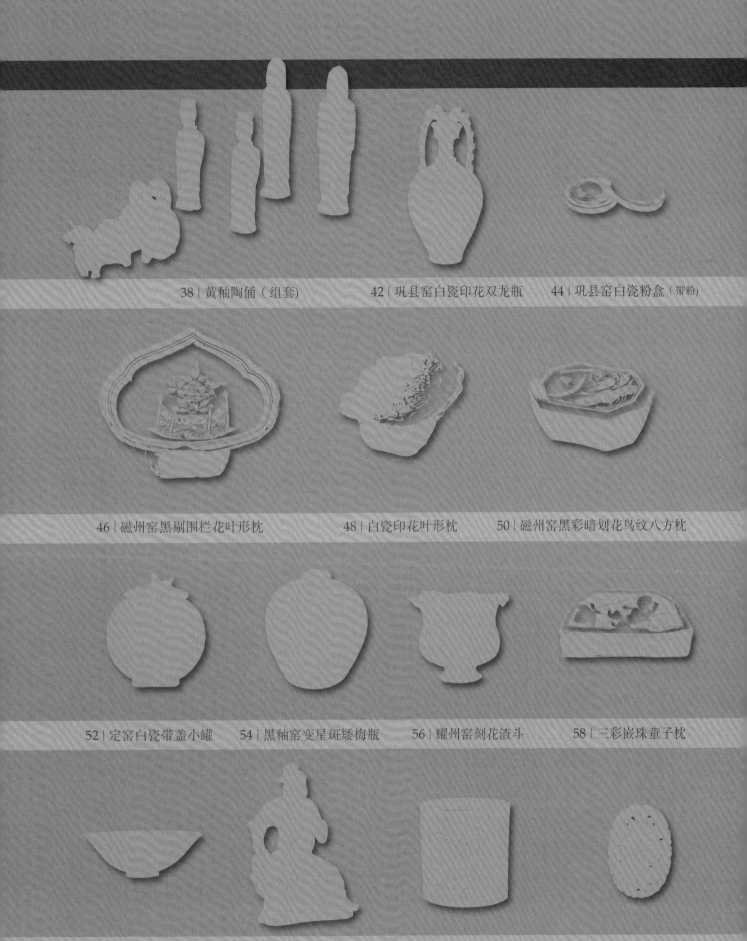

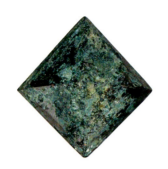

6

铜覆面

西周　｜　长：53cm・宽：42cm

《仪礼・士丧礼》记载，在秦之前的丧葬仪式中，要使用丝织品制成的"瞑目"（也称为"覆面"）和"掩"（也叫"裹首"）来包裹亡故者的头脸部位。

西周时期开始流行以玉为材质的穿缀于丝织物上的覆面。图示青铜覆面形体硕大，组合诡异，铸工精良，局部抛光，背面有穿孔，眼睛部位的方形眼形中心有瞳孔一般的孔洞开口。铜制鼻，形体饱满，下有清晰可辨的鼻孔，极其写实。从整体结构确认此铜覆面应穿缀在木质底板上，且因布局空间开阔，应该并非是遮盖的亡者颜面部位，很可能是摆放在具有象征意味的标志物之前，在葬礼中作仪仗物使用。此类青铜制作的覆面存世稀少，不如玉覆面使用广泛。当年应为特殊定制之仪式用器。

8

玉覆面

春秋-战国 ｜ 长：25cm・宽：28cm

因中国古人对美石的喜好追求，玉成为神圣且带有宗教意味的特殊材料，被用来制作重要的宗教礼器和祭祀之物。随着对玉的崇拜，进而认为玉能防止灵魂出窍，可以保证尸体不腐，魂灵不灭。正是缘于这种说法，西周时期，一种特殊的丧葬用玉——玉覆面出现。它用各种玉料对应人的五官及面部其他特征制成饰片，缀饰于纺织品上，用于殓葬时覆盖在死者面部或对应亡者面部的部位，以示尊崇。这种奢华的丧葬品仅出现于贵族墓葬中。玉覆面在两周盛行一时，早在西周时就有缀玉面罩的使用，由于当时玉料的稀缺珍贵，这些面罩大都由碎玉或废玉加工制成。入东周后逐步演变为整套的玉衣，发展到汉代成为备受世人瞩目的金缕玉衣、银缕玉衣、铜缕玉衣、丝缕玉衣等等，即用玉片密密地包裹死者全身，这标志着丧葬玉发展到巅峰。

玉覆面在西周时已相当流行。但玉覆面玉件的配置格式并非一成不变，常因墓主身份地位或家境情况的不同而有繁有简。由于眼睛在人的五官中最为重要，所以无论怎么简化，眼玉都是不能去掉的，玉覆面的正名称为"瞑目"，道理即在此。

右示玉覆面，玉质青白，有沁色，共由十四块玉饰组合而成，其中额顶尖角和唇舌由碎玉废料改制。眼、颊由龙形玉片组成，雕刻工艺精细，局部有朱砂残留。其他玉饰片上有微孔，应是为穿缀所留。与此相类似的玉覆面在山西、河南、山东等地区都有出土。

10

青铜甗

春秋 | 直径：33cm · 高：43.6cm

甗为中国古代一种炊器，功能相当于现在蒸锅。最初为陶制，后逐渐出现青铜制品，广泛流行于商代至战国时期。其上部为甑，下部为鬲，是两者结合的一种蒸食器。鬲形似鼎，有三足，足间烧火加温。甑底有穿孔的"箅"和鬲之间分隔，鬲内盛水。甗的主要用途是蒸饭或肉食，上层放食物，下部煮水加温，蒸气通过中间的"箅"将上部的米或肉蒸熟。甗主要为日用器，亦兼作礼器，并与鼎、盘等配合。形制有圆、有方，多为圆形、立耳、少数为方形；有上下合体者，也有上下分体的。

从器形变化上来讲，新石器时代的陶甗，甑部较大，鬲部较小。商及西周早期的铜甗，甑、鬲比较多的是混体合铸，有两直耳。春秋战国时的甗，甑、鬲多为分体，直耳变为附耳。晚期的甗又有方形、四足、两耳、上下分铸者，其方形甑内有隔，可同时蒸两种食品。

图示青铜甗，为上下分体，上半部甑有双曲錾耳，腹部有起筋棱线，从口沿处起至下腹部，有三组环带状包裹雷纹的曲蛇纹，底部有中心"十"字纹放射形漏孔"箅"。下半部鬲，肩部有双环，腹部起筋，两组与甑身相同的包裹雷纹的曲蛇纹。三足间有火烧黑色痕迹。整个器物通体绿、蓝锈，一周纹饰有范线接痕。

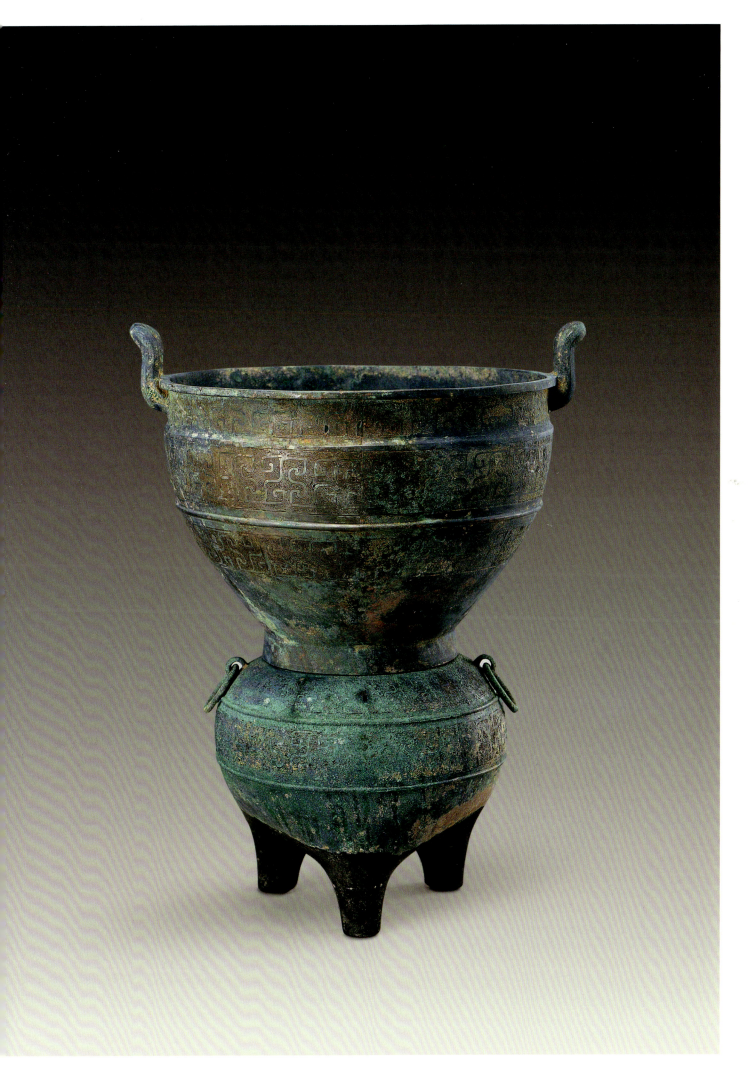

12

龙形玉佩

战国 | 长：13cm · 宽：9cm

玉龙佩通体呈青灰色，内有星点状晶体斑点，局部边缘有玉璞及黄褐沁色。整个龙形外延规整切割，轮廓由单线构成，龙鳞由六方蒲纹组合螺旋纹构成，横纵有序排列，纹饰槽线间有明亮玻璃光感。充分展现了春秋时期琢玉工匠的高超技艺。

器物整体形体饱满宽大，工艺精美，是当时随身佩戴的组玉。此类成组使用的常配玉饰，除了装饰，更重要的功能是为了节制佩戴者的举止行为。

古时，君子爱玉，以玉比人。君子用玉，环佩叮当。君子佩玉，持礼正行。

14

云纹琉璃璧

战国 | 长：5.6cm·宽：0.7cm

璧是一种中央有穿孔的扁平状圆形玉器，《尔雅·释器》载："肉（器体）倍好（穿孔）谓之璧，好倍肉谓之瑗，肉好若一谓之环。"根据中央孔径的大小把这种片状圆形玉器分为玉璧、玉瑗、玉环三种。璧为我国传统的玉礼器之一，也是"六瑞"之一，《周礼·春官·大宗伯》载："以苍璧礼天。"《周礼·考工记》载："璧琮九寸，诸侯以享天子。"说明王者用玉的严格规定。战国乃至秦汉时期的墓葬中，一般都有玉璧陪葬的习惯，用以说明墓主所具有的身份。

玉璧是中国玉器中出现最早并一直延续不断的品种，是很重要的瑞玉，战国至两汉是玉璧的鼎盛时期，用玉选料极精，制作工艺极细，花纹形式多变，饰纹种类极为丰富，使用范围大增，数量也属历代之冠。

《周礼》还有"子执古璧"、"男执蒲璧"的记载。可见璧之重要。

图示之璧，中间有开孔，形成双璧环套之形，造型奇特。通体勾连云纹，双面纹饰同。此环另之奇特在于材质并非为玉，而是近乎松石色的琉璃。琉璃的主要成分为二氧化硅，在古代属于非常稀少贵重的材质。从对此璧材质的确认可以细致观察，它的图案纹饰也很奇特，除开孔处有琢磨痕迹外，勾连云纹明显是没有刀刻成型现象，可确认此璧为极其罕见的铸造成型琉璃璧。对研究中国古代琉璃有极重要的参考价值。

16

琉璃珠

战国 ｜

周围：9cm·直径：2.5cm·孔径：0.7cm

战国时期出现流行过相当数量的琉璃珠，这类琉璃珠多有色泽艳丽的斑点状装饰，所以学界称其为"蜻蜓眼琉璃珠"，取意其同蜻蜓眼相似。这类琉璃珠有独立穿缀者，有镶嵌于金、银、铜、木、漆等其他材质器物上点缀者。呈现锦上添花之艺术效果，更显被装饰物的华丽高贵。亦有学者以为古代典籍中所谓"隋侯之珠"就是特殊的琉璃珠，由此可见其珍贵价值。

图示琉璃珠通体呈黑蓝色、半透明，珠的球面镶嵌三组松石蓝色由白圈围包的十九个同心圆，形似蜻蜓眼，松石蓝色表面有红色玻璃质流淌。珠径2.5厘米，属于同类琉璃珠中体型较大者。整体效果梦幻艳丽，宛如宝石，古人视其为隋侯之珠应非空穴之风。

18

蟠虺纹青铜铷

战国 | 长：18cm · 宽：17cm · 通高：13.8cm

图示青铜铷，呈椭圆形唇口，肩腹部有起筋双环耳，腹部一圈蟠虺纹，铷一侧纹饰上有范线痕迹连接。另有椭圆顶环盖，盖近边处有于器身相同之一圈蟠虺纹装饰。整器铸造工艺精细，铜壁薄厚均匀，纹饰清晰俊美，局部呈现绿漆古的铜锈色泽，尽显青铜器瑰丽之气度。光面有抛光，可见高水平的机器加工痕迹，为同类制品中难得一见的佳器。

20

青铜错银盘

战国-汉代 |

口径：18.7cm · 足径：14.6cm · 高：2.3cm

错银工艺主要流行于春秋战国至汉代，
经此工艺处理的器物，可显示多种金
属材质的色泽变化之美，是当时金铜
工匠聪明智慧和高超技艺的表现。

图示铜盘呈折沿型，此类形制的铜盘
在以往的传世和考古材料中，很少出
现，极为稀少。铜盘折边有银错几何
图案，整体图案由同心圆、罗纹、几
何折线组合而成。盘内腹通体绿锈有
孔雀蓝斑。从局部脱银处可以辨认，
铜盘胎体上制作前先处理好纹饰轮廓
线凹槽，然后将银丝嵌入磨平最终呈
现铜银交错的艺术效果。就此盘而论，
从纹饰和造型排比来看，其更接近于
汉初风格。

22

人搏虎错金银嵌珠带钩

秦-西汉 ｜ 长：18cm·宽：6.3cm

带钩，据材料显示，其起源于西周，战国至秦汉间广为流行，是古代贵族和文人、武士所系腰带的挂钩，古又称"犀比"。在战国中晚期的使用相当普遍，出土及传世者皆多。常用青铜铸造，也有用金、银、铁、玉等材料制成，而且多采用包金、贴金、错金银、嵌玉和绿松石等工艺，斑斓陆离，多姿多彩。带钩相当于现今的皮带扣，主要用于钩系束腰的革带，多为男性使用。人们使用带钩，不仅为日常衣饰系带所需要，更是身份地位的象征，尤其王公贵族、社会名流所用带钩甚为精美，具有很高的工艺水平和艺术价值。《淮南子·说林训》记"满堂之坐，视钩各异"，就是以钩辨别身份的真实写照。

图示之钩，青铜铸造，造型是一个武士持剑与虎搏斗。武士梳髻扎带，络腮胡须，眼眶中嵌镶黑色宝石，闪亮有神。右手握剑举于头后，左臂直伸，拳曲握成钩首。两腿有力蹬踏；一只满身花斑纹饰蜷曲尾巴的老虎从身后猛扑过来，压住武士的身躯，张口咬住武士肋部。整体造型生动夸张，通体错金银镶嵌，华美艳丽，精致高贵，加之钩体硕大，可以确认为当时王公贵族心爱用具。是钩饰中极其少见的精品。

24

人形错金银带钩

汉代　｜　长：12.5cm·宽：3.4cm

《庄子·胠箧》："彼窃钩者诛，窃国者
为诸侯；诸侯之门而仁义存焉。"以小
见大，从钩到国，虽是寓言，但它从
另一个层面展现了当时世人对"钩"的
熟悉。

图示人形钩，人物伏身，双手拳曲前
伸成钩首，一腿前屈，一腿蹲跪，头微
举，头顶有抓髻。面部应有嵌包银皮，
惜脱落。满身金银镶错成交叠几何图
案的衣饰纹理，神秘而华丽，尽显工
艺之美，可想当年此钩，钩挂在华美
丝袍外时的高贵。

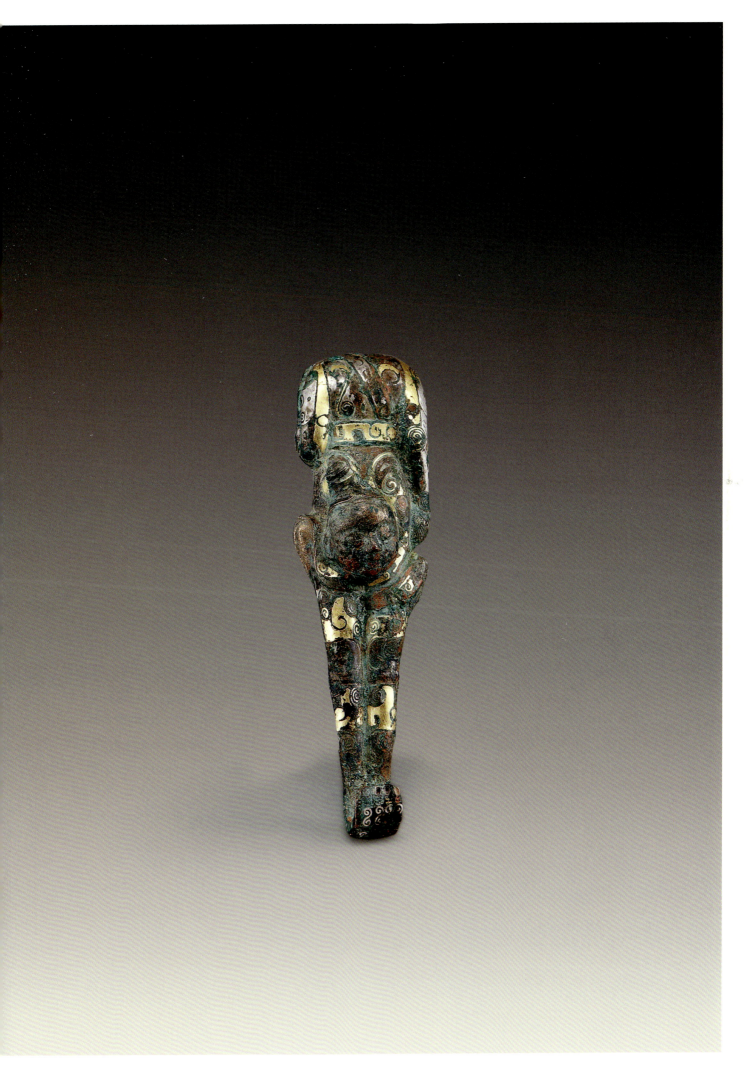

26

青铜四灵朱雀承盘博山式香熏

汉代 |

盘径：15cm · 熏口径：6.2cm · 通高：17.3cm

中国人用香的历史非常长远，早在先秦时期，香料就被广泛应用于日常生活。从宫廷庙堂到街巷民居，从士族贵胄到布衣百姓，都有随身佩戴香囊和插戴香草的习惯。西汉时就明确记载有以焚香来熏衣的风俗。衣冠芳馥更是东晋南朝士大夫崇尚盛行的高雅举止，谢安挥舞衣袖布下棋子时，右军甩动长襟运笔写下兰亭时，那随衣飘拂的幽香千年不灭。

汉代之前用香以汤沐香、礼仪香为主，汉魏六朝时流行道家学说，博山式的熏香文化大行其道。博山式香熏成为这一时期的主要香具代表之一。五代的罗隐有诗写道："沉水良材食柏珍，博山炉暖玉楼春。怜君亦是无端物，贪作馨香忘却身。"诗中所讲就是这类博山炉式香具。

图示香熏青铜铸造，下有折边承盘，底有圈足，盘心内凹，中间铆接镂空香筒；香筒三足，近足处起筋，筒腹三条棱线，近口有三组镂空装饰，图案分别为青龙、白虎、玄武；上有博山式炉盖，盖顶山巅立一只昂首翘尾的朱雀，与筒身的三兽组成四灵。盖经旋转可以和熏体锁紧。此熏炉工艺精巧、构思奇绝，是汉代难得一见的青铜佳作。

28

青铜错金博山龙首执柄香薰

汉代

长：20cm · 宽：8.6cm · 高：5.7cm

汉代道教勃兴，成为影响广泛的本土宗教，随道教求仙长生思想的流布，对仙山幻境亦充满向往。"博山"象征传说中的海上仙山——汉代盛传海上有蓬莱、博山、瀛洲三座仙山。据《西京杂记》卷一记载："长安巧工丁缓者……做九层博山香炉，镂为奇禽怪兽，穷诸灵异，皆自然运动。"北宋考古学者吕大临《考古图》记载："香炉像海中博山，下盘贮汤使润气蒸香，以像海之四环。"

博山炉出现在西汉时期，与燃香原料和人们的生活方式改变有着极大的关系。西汉之前，人们多使用茅香，即将熏香草或蕙草放置在豆式香炉中直接点燃，虽然香气馥郁，但烟火气很大。武帝时，南海地区的龙脑香、苏

合香传入中土，并将香料合剂制成香球或香饼，下置炭火，用炭火的高温将这些树脂类的香料徐徐燃起，香味浓厚通透，且烟火气又不大，因此出现了形态各异、巧夺天工的博山式炉。六朝《咏博山炉》诗曰："上镂秦王子，驾鹤乘紫烟。"唐李白《杨叛儿》诗云："博山炉中沉香火，双烟一气凌紫霞。"这些诗词明确说明了博山炉的广泛使用。

图示博山式龙首执柄香熏，铜铸，长柄，柄首为龙头形，柄下有支脚，柄前缘为圆形折边小碗，柄根有榫卯铜拴将盖子与碗部固定连接，组成可折叠打开的一体炉熏。熏盖镂空，简约处理出博山形，山顶立一展翅欲飞的朱雀，和柄端之龙首遥相呼应，足显

铸造工匠的奇思异构。《西京杂记》所载长安巧工丁缓做博山炉的奇工妙能想来并非虚构了。

熏—炉，功能相近，在早期出现时，两者应无太大差异，而随后因在宗教仪式中的使用和香道的传播，炉—熏功能才有了分野。

30

青玉蝉

汉代 ┃ 长：7cm·宽：3.3cm

蝉，俗名"知了"，由地下洞出得生，在中国古代象征复活和永生。这个象征意义来自于它的生命周期：从最初的幼虫，到后来成为地上的蝉蛹，再到最后成为飞虫。蝉的幼虫形象始见于公元前2000年的商代青铜器之上，从周朝后期到汉代的葬礼中，人们总把一个玉蝉放入死者口中以求庇护、复活和永生。由于古人以为蝉以露水为生，因此它又被视为纯洁的象征。《后汉书·礼仪志（下）》载"饭含珠玉如礼"有"礼仪"之构念，所以这类在口中含放的碎玉也被称为"饭玉"。玉蝉在亡人口中，意味"蝉蜕"复生，灵魂延续，它的常用形象是收敛着翅膀的成熟蝉形。另还有一功能说。清·徐珂撰《清稗类钞》正文注："口实曰琀。古人多以水银殓，因水

银性活易流，遇玉则凝，故用玉以塞之。"先秦葬玉的风气形成后，很快波及到整个社会，于是就出现了专门用于亡人使用的葬玉。入汉后被广泛使用的最具代表性的有两种，一种叫"握豚（猪）"；一种叫"琀蝉"。前者代表财富，握在死者手中，表示不空手而去，在阴间仍然拥有和掌握财富；后者置于死者口中，是希望死者灵魂借蝉变而得以超脱往生。但有相当一部分玉蝉原本就是当时贵胄士大夫阶层的日用佩戴品，就如"蝉冠"上本就有蝉饰，所以有一些玉蝉可能先日用而后入土以示亡者珍爱。

图示玉蝉，玉料色青，刀工犀利，线条劲挺，轮廓线内有拉丝痕，蝉翼尖部如刃锋利，可比照为中国琢玉史上有名的"汉八刀"制式，刀工简约。

32

勒铭弩机（附：鎏金小弩机、箭头）

汉代 ｜ （勒铭弩机）长：17.5cm · 宽：10.5cm （鎏金小弩机）长：6cm · 宽：4.9cm （箭头）长：10.3cm

据传，战国时期楚国的琴氏"横弓着臂，施机设枢"发明了弩。弩是用机械力射箭的弓，无疑是由弓发展而成的一种远射程杀伤性武器。弩由弓和弩臂、弩机三部分构成：弓横装于弩臂前端，弩机安装于弩臂后部。弩臂用以承弓、撑弦，并供使用者托持；弩机用以扣弦、发射。使用时，将弦张开以弩机扣住，把箭置于弩臂上的矢道内，瞄准目标，而后扳动弩机，弓弦回弹，箭即射出。弩箭有方头的、梯形的、钩刃形的、角锥头的、三棱形的等等。

弩上最重要的青铜组件——弩机，出现于战国，盛行于秦汉，是古代远射兵器中最早的青铜机械装置。包括外框部分的"郭"，钩住和放开弓弦的"牙"，作为扳机的"悬刀"及瞄准的

"望山"。用这种弩射出的箭更准确，更具穿透力。弩机作为中国古代工程技术的发明之一，在公元前就成为军事斗争中的重要武器，直至1100年才传入欧洲。

公元前260年发生的秦赵"长平之战"中，秦军的强弓硬弩发挥了巨大作用，最终将赵国主将赵括射成"刺猬"，取得了这场夺天下之战的胜利。可以说在一定意义上，弩的规模化装备，改变了历史的进程。

图示两件弩机，大弩机的"郭"、"牙"、"悬刀"、"望山"即"拴钉"每一个组件上都有刻铭："河内工官第四千一百八十四十"。可以确认此弩机为汉代河内郡工官督制。《汉书·地理志》记，河内郡的怀县有工官。从每一个弩机零件制作的精细和整齐划一，

可以判断这类弩机组件当年很可能可以相互换装通用，大规模提高战场维修和战时保障。这种近乎标准化模件水平的机械化军械装备的使用，无疑是汉帝国强大的根本保证。

小弩机通体鎏金，制作工细精巧，很可能是礼仪装饰性佩弩，而非战场制式装备。

箭头规整精致，锋利、冷峻。

34

青铜立马

汉代 | （左）宽：5.3cm·高：5.8cm （右）宽：5.5cm·高：5.9cm

马是人类最重要的家畜之一，尤其在古代，无论军事、交通、生产、生活都离不开马。马与一个王朝的军备强弱，国势盛衰有着非常密切的关系。

汉代是中国养马业大获发展的时期，由于同周边民族的战争，疆域的扩展以及对外关系的不断发展，大量外来的马种被引入，利用外来马种对本地马种进行改良也成为可能，经过几百年的选育培养，使得内地马种得到根本性的改良，从考古资料看汉代马种比前代大大进步。《后汉书·马援传》载："马者，兵甲之本，国之大用，安宁则以别尊卑之序，有变则济远近之难。"我国自古对养马非常重视，马被列为六畜之首，特别是在被称为封建盛世的汉唐两代，养马的规模更大。后世有"汉唐之所以能张者，皆唯畜牧之盛也"的说法。

汉代对马匹的改良是缘于政治、军事、交通等诸多方面的原因，汉朝时人对马匹重要性认识得越来越清楚，因此不惜代价也要提高马匹的质量。他们对"天马"的钟爱上升到神话的程度，并根据《易经》"行天莫如龙，行地莫如马"认为地上的马是变象之龙，在祭祀的时候以马代龙。《汉书·郊祀志》记载："秦祠四畤，每畤用木寓龙一驷，木寓车马一驷，各如其帝色。"李奇注曰："寓，寄也。寄生龙于木也。"师古曰："一驷亦四马也。"《周礼》中将马高八尺以上称为龙。汉武帝《天马歌》第一首"今安匹，龙为

友"，第二首"天马徕，龙之媒"，反映的是同样的思想。

汉武帝有意识地选取良马，作为种马。《史记·大宛列传》说，汉武帝命李广利伐大宛时，专门选派"习马者二人为执驱校尉，备破（大）宛择取其善马"。《后汉书·西域传》更明确说此二人为"善相马者"。他俩从大宛挑选"善马数十匹，中马以下牝牡三千余匹"。为了让更多的人学习掌握相马之术，汉武帝时"有善相马者东门京铸铜马法献之。有诏立马于鲁班门，则更鲁班门曰金马门。"可惜这具铜马式在汉末的乱世战争中被销毁了。

东汉时马援根据西汉四代名师的相马理论，结合自己的相马经验，铸造铜马式，供人们长期观摩学习。《后汉书·马援传》记载马援说："传闻不如亲见，视影不如察形。今欲形之生马，则骨法难具，又不可传之后世。"只有铜马能将良马各部位应具有的优异形态集于一身，使这匹马的外形骨相达到最完美的境地，这就是铜马式的特殊价值。

铜马式和相马技术的传播必然对当时社会上人们对良马的看法、选育目标和役使要求起到了重要的指导和示范作用，也标志着汉代育马达到高峰。有的学者将这种类型的马，称为"汉马"，是我国马最优品种之代表。

《天马之歌》曰："太一贡兮天马下，沾赤汗兮沫流赭，骋容与兮跇万里，今安匹

兮龙为友。"（《汉书·武帝纪》）

汉马躯干粗重，头轻、颈长、四肢干燥，表现为较强的挽乘兼用型，役用时既有大的挽力，又有较快的速度，成为当时社会上役使最受欢迎的马。

图示两件铜马仅6厘米上下，尺寸肯定不是史料所载立于城门的铜马法的规格，但从整个铸造的工艺精细程度、比例刻画的传神，可以遥想此类微型铜铸马有可能是汉代孩童玩具或是爱马者铸造的样本，但是决不能否认它们是那些大型铜马法的微缩样。尺寸的减小是为了方便远途贩马、相马易于携带比对的需要。

左侧马形体俊健、清秀，头小、眼大、耳小、鼻直，颈细长弯曲，四肢中等长而内聚，展现出轻型乘马的特点。

右侧马形体壮硕，胸阔身宽，尻形正，肌肉厚，是重型挽马的标准形态。

甘肃武威擂台出土的铜奔马，是体形最为独特、最能显现良马特征的汉马，此马把两种极端相反类型的轻型乘马、重型挽马结合于一身，是把马的主要功能——力量和速度集中塑造的典范，是艺术化后最接近汉人对龙马表述的全形写照。

36

铜瑞兽砚滴

魏晋 | 长：13.2cm·宽：7.6cm·高：5.8cm

砚滴是古代一种滴水入砚用来研墨的特殊文房用具，它的出现与笔墨的广泛使用和书法绘画的兴起有着密切的联系。最初古人使用各种形状的壶类器皿倒水研墨，随后发现用壶往砚池里注水时，水的流量往往很难控制，于是就改进和发明了便于控制水量的研墨用具——砚滴，它也被称为水滴、水注、蟾注等。砚滴作为特殊的注水器具在《饮流斋说瓷》中是这样记载的："水滴，象形者，其制甚古，蟾滴、龟滴由来已久，古者以铜，后世以瓷。"

图示铜瑞兽砚滴造型精巧，瑞兽昂首，目视前方，四脚呈匍匐状，腹部下垂，近乎贴地，前肢出卷云纹羽翼，后半身覆鳞羽，首为龙形，头顶有一对节状长角，背尾有鬃，身似蟾蜍，脊背

处有注水口，兽口有孔，水通过身体流入瑞兽口孔滴出，瑞兽身尾可做手柄。此类器具在西晋时期的墓葬中有发现，魏晋间也有用此瑞兽造型样式制作砚台的。

38

黄釉陶俑（组套）

北齐　｜　（将军俑）高：61cm（武吏俑）高：49cm（牛车）通长：51厘米

图示陶俑为两将军，两武吏，一牛车，成一组仪仗。

两将军头戴圆顶盔身披长袍，胡须有黑彩勾绘，眼睑和唇涂红彩。圆目、高鼻、突颧骨，明显的异族相貌。其中一俑盔、袍加黄釉；一为素陶。

两武吏面目清秀，直身站立，头戴冠，穿夹胸甲衣，双手拳握胸前按压环首长刀。从面颊局部残留痕迹可以确认原来应有白粉涂层，衣袍有黄绿釉处理。

辕驾牛车，牛圆目长角，首有勒口铃铛，牛肩勒带花叶，整体造型饱满浑厚，力牛之姿，一览无余。牛身满施黄绿釉，后拉轮车，有绿釉坐档，车为轿形，通体灰陶，局部印有龙、兽及其他花饰。从顶部通露状态看，怀疑当时曾经有丝布制作的顶盖棚架饰

物。整组仪仗凝重端庄，应属贵族随葬用品。与此同类的将军、武吏俑，在日本天理参考馆亦有收藏，形制几近完全相同。

42

巩县窑白瓷印花双龙瓶

唐代 | 足径：9cm · 高：41cm

龙是中国神话中的一种善于变化、兴
云布雨、福利万物的神异动物，传说
其能隐能显，春时登天，秋时潜渊，
为众鳞虫之长，四灵（龙、凤、麒麟、
龟）之首，后演化为皇权象征，历代帝
王都自命为天子龙种，使用器物也以
龙为装饰。前人分龙为四种：有鳞者
称蛟龙；有翼者称应龙；有角的叫螭
龙，无角的叫虬。上下数千年，龙已
渗透了中国社会的各个方面，成为一
种文化的凝聚和积淀。龙成了中国的
象征、中华民族的象征、中国文化的
象征。

图示双龙瓶，平底，旋纹盘口，肩部
对称贴四朵宝相花，盘口处贴两朵圆
形团花，肩口部贴塑两条龙，立耳张
口，成双柄。龙身有戳花和贴塑凸点，
龙角盘条。通体施玻璃釉，色微青白，

施釉近腹下部。胎灰色，胎体坚密，
典型的巩县窑制品。同类造型的双龙
瓶常见，但有大贴花者甚少，为此器
中的名品。

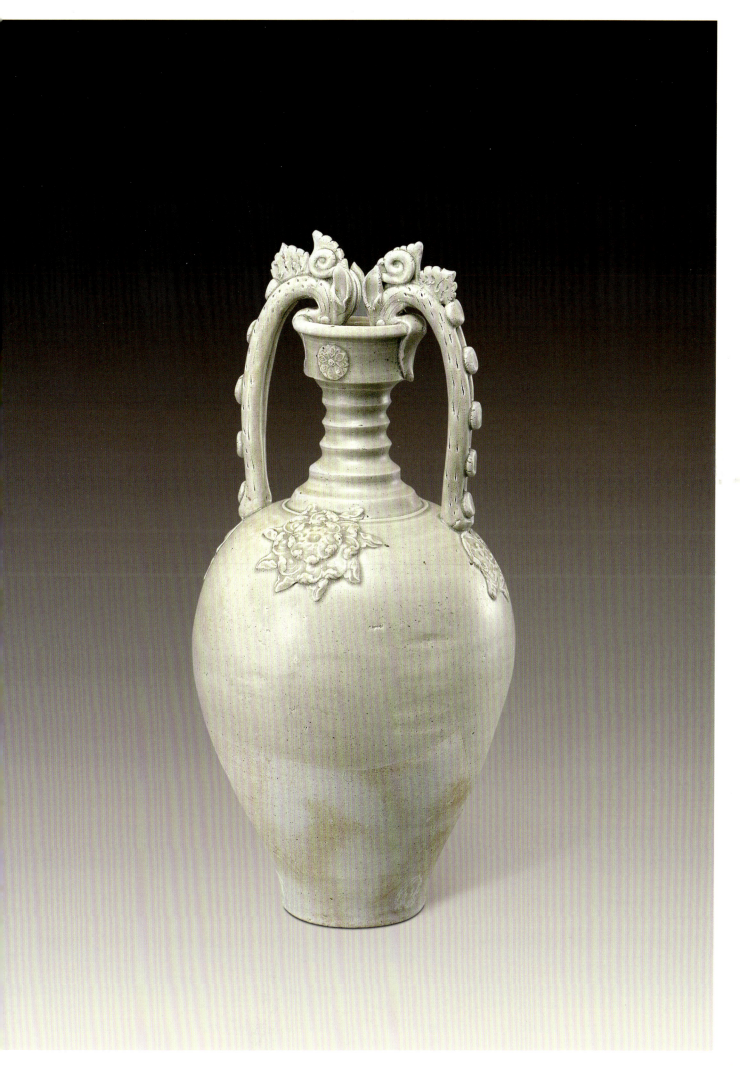

44

巩县窑白瓷粉盒（带粉）

唐代 | 盖径：8.1cm·足径：6.5cm·高：2.8cm

巩县窑在今河南省巩县，故名。1957年经调查有小黄冶、铁匠炉村、白河乡三处窑址。从已发现的窑址，可知始烧于隋代，初烧青瓷，入唐后有较大发展，以白瓷为主。李吉甫《元和郡县志》记载："开元中河南贡白瓷。"西安唐大明宫遗址出土有巩县窑白瓷，由此证实此窑确实烧造进贡过白瓷。据《国史补》、《元和郡县图志》和《新唐书·地理志》中所提到的河南盛产的白瓷和向长安进贡的白瓷，应多产于此。器形主要有碗、盘、壶、瓶、盒、罐、枕等，其中以盘碗为最多，同时也烧造黑釉、茶叶末釉、黄釉器。此外还烧三彩陶器，洛阳地区唐墓出土三彩陶器及雕塑不少也应是该窑所产。遗址出土素烧坯很多，可知三彩陶器是两次烧成。

图示圆盒，胎色坚密洁白，盒边轮廓线修刮挺拔，施透明釉，釉色肥厚，有玻璃开片，平底和盖口处露胎。盒内原样保存当时放置的白色粉团，粉板结，细腻绵白，用局部脱粉擦涂皮肤，光滑洁白。南宋末元初刊印的《事林广记》中记录有传统的化妆品配方和制作工艺。自古化妆用的妆粉和护肤用的香粉就有明确区分。化妆用的妆粉因为要保持最好的黏附性，因而依靠铅粉；而护肤用粉为防止铅毒就摒弃妆粉中铅粉的添加，主要用小米细磨而成的米粉。《事林广记》"闺妆类"条目载"唐宫迎蝶粉"方就指导女子们用小米自制擦身香粉，另"玉女桃花粉"条目所记更有意思，将益母草煅烧成雪白细粉，再掺入石膏粉、滑石粉、蚌粉，然后加适量胭脂红粉，最后成

品。从"唐宫迎蝶粉"的名字，可知此方宋元间就为坊间秘传的唐代宫廷粉方了。从这些记载可以管窥唐宋间市坊女子用粉的实际状态。而今完整保存唐代粉团的粉盒，存世绝少，至为罕见。图示之物无疑可以回证史料记载的真实，对研究唐时妇女梳妆和器用史有极重要的参考价值。

46

磁州窑黑剔围栏花叶形枕

北宋 | 长：29cm · 宽：30cm · 高：17.4cm

磁州窑是中国古代著名的民间瓷窑，窑址在今河北邯郸磁县的观台镇与彭城镇一带，磁县宋代属磁州，故名。据考察，磁州窑创烧于北宋，于北宋晚期达到鼎盛，南宋、辽金元、明清仍继续烧制，烧造历史悠久，具有很强的生命力，流传下来的遗物较多。磁州窑的器形和纹饰为民间所喜闻乐见，影响范围较广，发展迅速，其核心窑场以邯郸市的观台镇为中心，形成了一个庞大的磁州窑体系，有关磁州窑瓷器的文献记载，宋代尚未见到，主要集中出现在明清两朝。明代初年曹明仲的《格古要论》、王佐《新增格古要论》、谢肇制《五杂俎》、清初《磁州志》、《明会典》、朱琰《陶说》、兰浦《景德镇陶录》和许之衡的《饮流斋说瓷》等书对磁州窑瓷器，在造型、釉色、烧造地及工艺特色等方面均有不同程度的记载和描述。其产品主要有白地、黑釉、褐釉、绿釉、黄釉、剔花、刻花、划花、白地黑花、红绿彩等。其中白地黑花是磁州窑最主要的特色品种之一，烧造数量和规模庞大。图示叶形枕，造型别致工艺精湛，胎色淡灰，枕面先施白色化妆土，然后施黑铁粉，在粉料未干状态下用硬制工具，勾剔掉部分黑色铁粉露出下一层的白化妆土，形成黑白反差对比效果，是磁州窑装饰工艺中的精细工艺。叶形枕边黑色轮廓线，内心黑色镂花围栏，中间一朵盛开的牡丹花，雍容华贵。同类工艺和造型的枕器，上海博物馆、日本东京国立博物馆、大英博物馆、美国波士顿美术馆等都有收藏，是北宋磁州窑精品的典范。

48

白瓷印花叶形枕

北宋 | 长：5.1cm · 宽：5cm · 高：2.9cm

图示印花叶形枕，是典型的磁州窑类型制品。尺寸高仅2.9厘米，灰胎施化妆土，通体施玻璃釉，枕面模印开光荷花茨菰。造型小巧精致，很可能是当时的儿童玩具。但就近些年华北地区广大城市的旧城改造工程和窑址发现残留，这类小型的精细袖珍微缩陶瓷器经常出现，并且造型品种远超世人的想象，所以不排除还有一个可能，就是当时窑场掮客到市集中销售陶瓷器时所携带的订货推销小样。廖此一说备考。

50

磁州窑黑彩暗划花鸟纹八方枕

金代 | 长：26cm · 宽：21.8cm
高：11.5cm

图示八角方枕从造型和工艺可以确认是典型的磁州观台窑场制品，烧造时代当为12世纪早期。此枕灰胎，施化妆土，呈八角形，施釉近足，枕墙上下沿黑彩勾线，墙面有黑彩绘花草纹。枕面平整微内凹，沿八方边勾绘粗细两组黑彩轮廓线，中心绘浮萍、荷叶、莲蓬、茨菰、芦苇，一只长尾鸟立于荷梗之上，扭头振翅捕捉静伏在苇叶上的幼蝶。整个画面瞬间把握，精准描绘，足见当时这位陶瓷绘画工匠的高超艺术素养和笔墨技巧，不啻为窑火中的宋韵绘画。局部鸟首、荷叶、莲蓬、茨菰有硬针形工具勾划的轮廓线，更显画面精巧，为难得一见的花卉鸟虫画枕精品。

52

定窑白瓷带盖小罐

金代 ｜ 口径：3.7cm · 足径：3.5cm · 通高：8cm

定窑窑址在今河北曲阳涧磁村及东西燕川村一带，古属定州，因此得名。定窑原为民窑，北宋中后期开始烧造宫廷用瓷，是我国宋代五大名窑之一。它是继唐代的邢窑白瓷之后兴起的又一大瓷窑体系，其创烧于唐，极盛于北宋及金，终于元，以产白瓷著称，兼烧黑釉、酱釉和其他釉瓷。据《曲阳县志》载，五代时曲阳涧磁已盛产白瓷，官府曾在此设官收瓷器税。入宋后迅速发展，大量烧制白瓷，其次有黑釉、酱釉、绿釉、白地褐花等品种。白瓷胎土细腻，胎质薄而有光，釉色纯白滋润，上有泪痕，釉为白玻璃质釉，略带粉质，称为白定。其他瓷器胎质粗而釉色偏黄，俗称土定，色紫如柿者为紫定；色黑如漆的为黑定，色定制品传世极少，甚

为罕见。定窑装饰有刻花、划花、印花诸种，风格典雅。对各地瓷窑有一定影响，曾出现不少仿烧定窑瓷器的瓷窑。纹饰以龙凤纹为主者，当属供奉宫廷用器，多有传世，窑址遗有大量龙凤纹器物碎片。北宋早期定窑产品口沿有釉，到了晚期器物因烧窑工艺变革，口沿多不施釉，世称"芒口"，芒口处常常镶金、银、铜质边圈以掩饰芒口缺陷，此亦为定窑一大特色。

图示盖罐，胎色洁白坚密，施釉近足，圈足露胎，口沿两道旋纹装饰。盖微鼓弧形，顶心有瓜蒂状纽结，外缘也有两道旋纹装饰和罐口呼应。罐形饱满近乎球形，胎轻薄透光，最薄处仅1毫米左右，釉面有泪状垂珠。为金代定窑的精细制品。

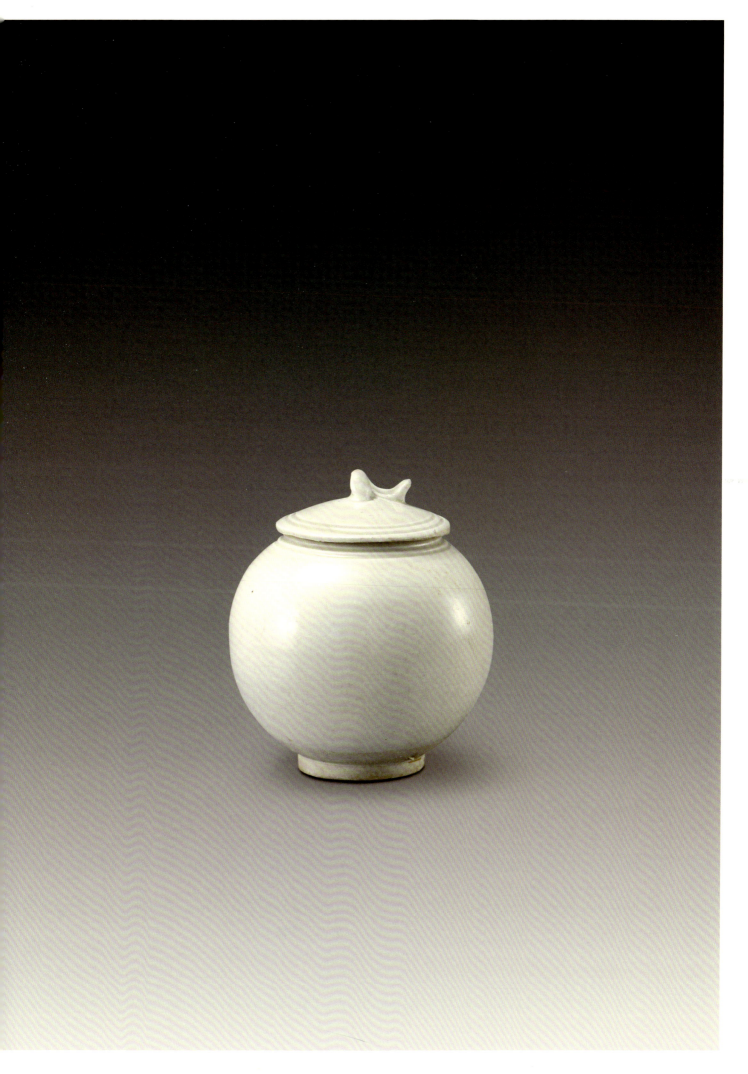

54

黑釉窑变星斑矮梅瓶

北宋 – 金代 ┃

口径：5cm · 足径：11cm · 高：18.1cm

图示黑釉矮梅瓶，发现于晋南地区，据近年的新见考古材料和城市遗址标本，此器应为晋南或豫北窑场烧造。日本东京出光美术馆藏有北宋宣和元年（1119年）墨书记铭的黑釉兔毫斑矮梅瓶，与此瓶甚似。

这件黑釉矮梅瓶，丰肩竖口卷唇，底足露胎，胎色灰黄，有黑点颗粒杂质，通体施黑釉，釉面有红色窑变星斑，可确认是铁质释出造成。此瓶造型隽秀，釉面洁净，窑变星斑如梦变幻，无疑是华北窑场黑瓷窑变的精品，应是当时的酒器。

56

耀州窑刻花渣斗

金代　｜　口径：14cm·足径：6.1cm·高：11.8cm

耀州窑在今陕西省铜川市的黄堡镇，唐宋时属耀州治下，故名耀州窑。该窑唐代开始烧陶瓷，经五代、宋、金、元几朝。早期唐时主要烧制黑釉、白釉、青釉、茶叶末釉和白釉绿彩、褐彩、黑彩以及三彩陶器等。中期（宋、金）以烧青瓷为主。北宋及金时是耀州的鼎盛时期，据记载曾为朝廷烧造"贡瓷"。后期金末开始衰落，终于元代。主要产品有碗、盘、瓶、罐、壶、盆、炉、枕、彩合、香熏、注子、盏托、钵等等，凡属生活需要的品种几乎应有尽有。其产品特征，唐和五代时胎质稍松，呈灰色，釉质失透，有乳浊感；宋代青瓷胎体较坚薄，胎色灰褐或灰紫，釉质莹润透明，釉色青绿如橄榄，釉薄处呈姜黄色；金、元时胎质稍粗，胎色呈浅灰或灰色，釉面多

数姜黄，青色者少，釉质稀薄而不润。装饰手法上以刻花和印花为主，刻花尤为精美，刀法犀利流畅，刚劲有力，立体感较强。装饰丰富多彩，纹样有动物、人物、花卉和几何图案等等。图示器物为卷口折花边渣斗，底足露胎局部有粘砂，通体玻璃绿釉。内口处有六条白色筋线，形成六折瓣花口效果。外壁口部饰莲瓣纹，腹部刻大朵牡丹花装饰。造型清秀，釉色干净肥润，刻花工艺细腻，为金代耀州窑典型器，展现了金代耀州窑的高超工艺水平。

58

三彩嵌珠童子枕

金代 ｜ 长：27.8cm · 宽：12.5cm · 高：9.6cm

低温三彩装饰自北朝肇始，及唐达至巅峰，宋金以后略有延续，元明以降成为地方窑场制品和建筑用材，再未登堂。

图示三彩枕，其不规则六边形式样为山西窑场特有。红色黏土胎，化妆土处理，剔刻工艺组合绿黄釉装饰，亦是典型金代山西窑场风格。此枕枕墙模印对称叶形花，枕面剔刻莲花童子，纹样寓意取自"化生童子"，为宋金间常见之装饰图案。此枕最特殊是枕面童子眼眶中之眼球为镶嵌而成，立体起突，用放大镜观察眼眶内釉面凹槽，眼球有玻璃光泽和釉面自然烧结，并非成品后二次粘结。此类镶嵌琉璃眼球现象在山西大同云冈石窟之昙曜五窟就有先例，窟内大佛的眼睛就是用琉璃烧制后又镶嵌的。但同类工艺之

陶瓷制品出现镶嵌者，此为目前所见海内外收藏中之首例，至为罕见！

60

湖田窑影青石榴婴戏纹碗

南宋 | 口径:18cm · 足径:5cm · 高:6.8cm

湖田窑位于景德镇市东南湖田村。五代时烧造青瓷和白瓷，青瓷胎色青灰，白瓷洁白，产品以盘、碗为主。北宋早期普遍使用仰烧法，烧造青白瓷唇口、葵口碗。造型简单，瓷胎较厚，釉色偏灰或米黄，多光素无纹饰。这一时期的产品，尚不具备影青瓷的基本特征。北宋中晚期，选用表层风化最佳的瓷石原料，淘洗澄湛工艺逐渐完善，拉坯成型技艺日趋成熟。尤其采用旋坯工艺，用铁刀在阴干的毛坯上旋削修整，使瓷胎薄腻至极，造型规整秀美，其时大批量烧造的斗笠碗，口径20厘米有余，而碗壁厚度尚不足0.2厘米。如此大口径薄胎器，即便明清两朝造瓷技艺发展至巅峰，也无法大规模再造。

《陶记》、《南窑笔记》、《景德镇陶录》等古文献均有记载，湖田窑始于五代，终于明。五代时烧制灰胎青瓷和白胎白瓷。宋代创烧了著名的青白瓷，俗称"影青"。青白瓷釉层透明度高，光泽度强，釉中气泡大而疏，多用刻花装饰，线条流畅、灵活；刻线深处釉厚，呈青色，釉层薄处色淡泛白。釉色和纹样互相烘托，艺术效果极佳，为湖田窑青白瓷独特成功之处。

图示石榴婴戏碗，胎色洁白，为精细高岭土，迎光透指。釉水呈淡绿色多气泡，通体施釉圈足包裹，仅口沿0.7厘米芒口无釉，明显为覆烧器。碗内口有一圈连珠纹，碗内底直径3.5厘米凹心，碗壁对称石榴、婴戏莲花两组模印图案。整体器物工艺精细，模印清晰，是影青印花器中的精品。婴戏莲是化生童子题材，石榴

寓意多子，此组合纹样暗喻多子多福，为宋代常用之吉祥图案。

62

珐华釉关羽像

明代 ｜ 宽：25cm · 高：37.8cm

珐华釉是一种低温色釉，又称法花、珐华，多采用牙硝做熔剂，先在陶胎表面采用立粉方式勾勒出纹饰的凸线或者堆贴出纹饰的轮廓，然后分别以所需的彩料填底子和花纹色彩，最后入窑烧成。一般认为珐华器最早出现于元代，而在明代大量流行。通常有陶胎和瓷胎两种，陶胎多产于北方的山西一带，瓷胎珐华产于景德镇。

图示关羽像，拈须坐于石台之上，造型生动传神。陶胎，手、脸素烧无釉，从残留痕迹可以确认当年脸部曾经红彩涂绘，胡须有黑彩勾描，后背无釉。头戴软脚幞头，身披战甲，外罩长袍。铠甲和腰腹抱肚间龙纹施黄釉，罩袍施孔雀蓝釉，所坐山石、靴子和隔边用茄皮紫釉处理。整体色彩搭配大胆，是明代早期山西地区烧制珐华塑像的典范。

64

黄花梨贴竹黄山水纹笔筒

清·乾隆 ｜ 口径：14.6cm·足径：14cm·高：14.5cm

图示黄花梨笔筒，整材挖就，包浆温润，色泽深沉如琥珀。筒壁雕贴竹黄，构成通景山水楼阁，雕刻工艺精湛，贴黄工整，借花梨的曲折纹理似云如雾衬托出竹雕山石的雄伟，竹木搭配天衣无缝，非顶尖高手而不可为。竹黄山水过渡间嵌镶两方竹刻印章，一长方形，印文"江流有声，断岸千尺"。一椭圆形，印文"古欢"。这两方印都出自完白山人邓石如手刻样。"江流有声，断岸千尺"，邓石如印谱有拓存，此句典出苏东坡《后赤壁赋》。邓氏为清中期乾嘉间著名书画篆刻家，亦雕藏竹刻，《明清竹雕名人录》有记。就此筒雕刻工艺水平之高，用料之考究，整器之秀雅，信可判为完白山人邓氏之旧物，书案画几上之妙品。

68

黄玉满汉文"斋戒"牌

清·乾隆 | 长：5.6cm · 宽：4cm · 厚：0.5cm

在东方，"黄色"进入封建时代后就被皇家独占，这颜色被视为王权的象征，皇帝的龙袍是明黄色，皇家仪仗要杏黄旗，黄色代表着威仪。由于宗教和皇室的关系，某些宗教用品也用黄色。玉石，中国人的挚爱，自古以玉比人，以玉为宝。出于对黄色的追求，颜色娇黄的玉器，历来都被视为至宝，如有黄色基调的田黄石一经发现，就被皇家和显贵深宠。而真正的黄色玉石，千百年来，能见者凤毛麟角。

图示佩牌，色如鸡油嫩黄，通体透明，宛若田黄石。玉料坚密温润，硬度接近莫氏7级。镂空雕刻对称云尾螭龙，中心椭圆开光内一面刻汉文"斋戒"，一面刻满文"斋戒"。玉牌中心在0.5厘米厚度的区间内打0.3厘米直径的天地穿孔，通穿5.6厘米的牌体，足

见琢玉工匠的鬼斧神工。此牌无疑当出自内庭技师之手，就目前存世及两岸故宫所藏，如此水准之官制黄玉"斋戒"牌，前所未见。

所谓"斋戒"，《明史·礼志》记载："戒者，禁止其外；斋者，整齐其内。"清代沿袭明制实行斋戒。清雍正皇帝对祭祀、斋戒非常重视，屡次下谕要求百官并八旗子弟严肃对待。雍正十年，参照明代参与祭祀活动的人员佩戴祀牌的先例，设计斋戒牌的样式，要求祭祀人员必须在胸前佩戴斋戒牌，以便时时提醒自己，同时也提醒他人在斋戒期间保持恭肃之心。至乾隆朝开始广泛流行。

图书在版编目（CIP）数据

赤岩录：三十器三千年 / 赤岩·御风主编. -- 北京：文物
出版社, 2012.9
ISBN 978-7-5010-3554-0

Ⅰ.①赤… Ⅱ.①赤… Ⅲ.①文物－中国－西周时代－明
清时代－图录 Ⅳ.①K871.402

中国版本图书馆CIP数据核字(2012)第218813号

赤岩录

三十器┊三千年

主编＼赤岩·御风

装帧设计　　顾乐远

文物摄影　　孙之常

责任印制　　梁秋卉

责任校对　　李　薇

责任编辑　　张小舟

出版发行　　文物出版社

地　　址　　北京市东直门内北小街2号楼

邮　　编　　100007

网　　址　　http://www.wenwu.com

　　　　　　E-mail:web@wenwu.com

制版印刷　　北京圣彩虹制版印刷技术有限公司

开　　本　　889毫米×1194毫米　1/16

印　　张　　4.5

版　　次　　2012年9月第1版

印　　次　　2012年9月第1次印刷

书　　号　　ISBN 978-7-5010-3554-0

定　　价　　150.00元